WILD WATERWAYS

'We don't inherit the earth from our ancestors, we borrow it from our children.' – Unknown

For Fionn

WILD WATERWAYS

A Celebration of Life on an Irish River

ROBERT O'LEARY

First published in 2025 by
Merrion Press
10 George's Street
Newbridge
Co. Kildare
Ireland
www.merrionpress.ie

978 1 78537 539 2 (Paper)
978 1 78537 543 9 (eBook)

A CIP catalogue record for this book is available from the British Library.

No bird, mammal or insect was disturbed or distressed in any way, and no damage in any way was caused to its habitat, in the taking of the photographs published in this book.

All royalties from the sale of this book go directly to Irish Guide Dogs for the Blind.

Typeset in Avenir and Sabon LT Pro 10.5/15

Cover and internal design, and photographs on pages 8, 16 and 67, are by Taryn Barling.

Printed in Dubai.

Merrion Press is a member of Publishing Ireland.

CONTENTS

Common Blue butterflies

FOREWORD

Biodiversity in Ireland has shrunk greatly over the past fifty years. Our native wild plant species have declined by 56 per cent. Our birds and mammals have also been in decline.

This appalling reduction has, in the main, been caused here in Ireland by changing land use. Intense agriculture has meant a change from hay meadows to silage fields and so a practical wipeout of ground-nesting birds – not only the corncrake and curlew, but skylarks and meadow pipits too. An increasing population has meant more roads, more hard surfaces, more houses – particularly in urban areas – and consequently less space for wildlife.

On the face of it, Dublin – a city with over a million people – does not seem to be a promising place to look for wildlife biodiversity. Yet, when I was writing *Wild Dublin* (The O'Brien Press, 2008), I was quite surprised to learn from the Dublin City habitat mapping project, completed in 2007, that at least 45 per cent of the city inside the M50 was not built on. Twenty-five per cent of this was public parks, and green spaces – the other 20 per cent was private gardens. While this latter 20 per cent may well have diminished in the meantime due to massive urban development, we still value our parks and green spaces and insist that they are kept intact.

And so, Dublin's biodiversity is greater than one might imagine. But it is not evenly distributed throughout the city. Wildlife corridors play a vital role, allowing our best wildlife areas to connect to each other, and of our river wildlife corridors, the Dodder is by far the best. Almost thirty kilometres in length, rising in the Wicklow Mountains, the Dodder soon reaches the built-up city, which it traverses for the final seventeen kilometres to the sea. It is a wild, untamed river. It hasn't been called An Dothra – the floody one – for nothing.

This, of course, means that it is a haven for wildlife, and the magnificent pictures in this book bear witness to that. If a picture is worth a thousand words, this book would be a mighty tome if its contents were so rendered. Every season of the year, every type of weather, brings a huge variety of wildlife to the attention of the alert walker and observer. The birds here are shown in wonderful detail. The insect photographs must have required endless patience and not a little luck to be secured. Even the three mammals that were photographed – fox, otter and grey squirrel – don't exactly come and pose obligingly for the camera, although, to look at the pictures, you would think that is exactly what they have done.

Robert O'Leary has a keen eye for the essence of each wild creature he photographs. This book is for everyone interested in the biodiversity along the Dodder – in either Irish or English.

Éanna Ní Lamhna

INTRODUCTION

'What is this life if, full of care / We have no time to stand and stare.'

R.H. Davies

The River Dodder (An Dothra) is one of Dublin's three main rivers, the others being the Liffey and the Tolka. It is almost thirty kilometres in length from its source in the Wicklow Mountains to where it joins with the Liffey at Grand Canal Dock in central Dublin. On its way, it is joined by several tributaries, including the Dundrum Slang, Owendoher and Little Dargle rivers. Being neither deep nor wide, the Dodder can generate quite a strong flow of water, particularly after heavy rain, and because of this it has been used for hundreds of years to power a large number of mills in its proximity, some of which were in use as far back as the fourteenth century. Although these mills are no longer in use, and very little trace of them remains, the Dodder continues to provide a wonderful service to the people of South Dublin.

Even though it passes through heavily populated areas on its journey, including Tallaght, Templeogue, Rathfarnham, Rathgar, Milltown, Clonskeagh and Donnybrook, this river, and the valley through which it flows, offers a beautiful and peaceful oasis of nature's abundance through its flora and fauna. It is on the wonderful fauna – the birds, mammals and insects that live along its course – that this book is focused, and attempts to portray in photographic form a sample of this magnificent diversity.

Many people, I suggest, are just too busy, too distracted, too caught up in the complexities and challenges of modern life, to be aware that on their doorstep, or at most just a few kilometres away, they could see kingfishers diving, otters playing, dippers, egrets and wagtails busily foraging, sparrowhawks and buzzards prowling their territory – or, indeed, listen to the beautiful sounds of robins, wrens and a variety of tits and finches singing and chirruping as they go about their daily business of guarding their patch or attracting a mate.

And, of course, no photographs, no matter how good, can come close to doing justice to this kaleidoscope of life – but we have tried, we have watched and waited, shivered and got soaked, pressed the shutter thousands of times, and have had some successes amidst all the failures. It is our earnest hope that the photos and the words that we have put together will raise awareness – among young and old alike, and all those in-between – that, actually, you're never too young, too old or too busy to 'stand and stare' and reconnect with the natural world in all its glory, or to give thanks that running right through our capital city is the incredibly rich resource that is the Dodder.

I owe a huge debt of gratitude to Taryn Barling for her unflinching, unconditional support for this labour of love. A hugely talented graphic designer and a superb photographer in her own right, it has been a great privilege to work with her and, in addition, to be able to enhance the photographic quality of the book by the inclusion of a number of her stunning photographs.

AUTHOR'S NOTE

Although the focus of this book is the River Dodder, the animals, birds and insects pictured can be widely found on Ireland's other waterways.

ACKNOWLEDGEMENTS

We wish to thank the following people for their invaluable help and support: Sylvia Hick, Frank Kenny, Sheenagh Maxwell, Aidan O'Leary, Evelyn de Labre O'Leary and Niamh Wingate.

SPRING | EARRACH

GREY WAGTAIL | GLASÓG LIATH | *Motacilla cinerea*

One of the many wonderful sights along the Dodder is that of grey wagtails flying acrobatically above the river catching insects. You can also see them searching along the riverbank or among the stones, their long tails bobbing non-stop. Another beautiful sight in springtime is that of the adults bringing back food to their young, who never seem to stop demanding more!

Ar cheann de na radharcanna iontacha ar bhruach na habhann tá na glasóga liath ag eitilt go haerógach os cionn na habhann ag breith ar fheithidí. Is féidir leat iad a fheiceáil freisin ag cuardach timpill bhruach na habhann nó i measc na gcloch, a n-eireabaill fhada ag bogadh gan stad. Radharc álainn eile san earrach ná na héin fásta ag tabhairt bia ar ais chuig na gearrcaigh a bhíonn ocrach i gcónaí!

RED FOX | MADRA RUA/SIONNACH | *Vulpes vulpes*

Foxes are omnivores, hunting small mammals and birds, insects and carrion. They also eat fruit, such as apples and blackberries, as well as seeds and nuts. Cubs are born between March and April. Up to fourteen can be born, but four to six is a normal number. Cubs spend their first month in the den with their mother while their father searches for food. By October or November the cubs are largely independent, though may remain in a family group.

Ainmhithe a itheann an uile ní (uiliteoirí) is ea madraí rua. Bíonn siad ag seilg mamach bheaga, éin, feithidí agus splíonach. Itheann siad torthaí cosúil le húlla agus sméara dubha chomh maith le síolta agus cnónna. Beirtear na coileáin idir Márta agus Aibreán. Is féidir suas le 14 coileáin a bhreith, ach gnáthlíon is ea 4–6. Caitheann na coileáin an chéad mhí sa phluais. I rith an ama seo fanann na coileáin sa phluais lena máthair fad is a bhíonn an t-athair ag cuardach bia. Thart ar Dheireadh Fómhair nó Samhain bíonn na coileáin neamhspleách de ghnáth, cé go bhfanfaidh siad i ngrúpa teaghlaigh.

MUTE SWAN | EALA BHALB | *Cygnus olor*

This is Ireland's largest bird, found all over the country in wetlands, including rivers and lakes. Their long necks help them find the water plants they love to eat. They can have between four and seven cygnets in the spring, which are guarded carefully by their parents when they hatch.

Is é seo an t-éan is mó in Éirinn, le fáil ar fud na hÉireann ar bhogaigh, lena gcuirtear aibhneacha agus lochanna san áireamh. Cuidíonn an muineál fada atá acu leo teacht ar na plandaí uisce is breá leo a ithe. Is féidir leo idir ceithre agus seacht éan eala a bheith acu san earrach a bhíonn cosanta go cúramach ag a dtuismitheoirí nuair a thagann siad amach as an ubh.

COMMON BLUE | GORMÁN COITEANN | *Polyommatus icarus*

This tiny, beautiful butterfly usually has two broods: the first will be seen in June and the second in August and possibly September. The males and females can be easily identified: the male is blue above with orange spots on the undersides of the hind wings. Females are blue and brown above with orange spots on both wings. The males are also bigger than the females. If you are unsure whether the butterfly you see is a common blue or holly blue, remember that the holly blue does not have any orange spots.

De ghnáth bíonn dhá ál ag an bhféileacán beag bídeach seo: feicfear an chéad cheann i mí an Mheithimh agus an dara ceann i mí Lúnasa nó Meán Fómhair. Is féidir na fireannaigh agus baineannaigh a aithint go héasca: tá an gormán coiteann fireannach gorm ar bharr le spotaí ornáide ar an taobh thíos de na sciatháin deiridh. Tá na baineannaigh gorm agus donn ar bharr le spotaí oráiste ar an dá sciathán. Tá na fireannaigh níos mó ná na baineannaigh freisin. Mura bhfuil tú cinnte más gormán coiteann nó gormán cuilinn a fheiceann tú, cuimhnigh nach bhfuil aon spotaí oráiste ar an ngormán cuilinn.

SISKIN | PÍOBAIRE/SISCÍN | *Carduelis spinus*

The siskin is a member of the finch family. A little smaller than a robin, the male is mostly bright yellow in colour and the female is similar but less brightly coloured. Siskins are often seen at the Dodder at certain times of the year. They are usually in large groups and your best chance of seeing them is to watch the alder tree, whose seeds are a favourite food.

Cineál glasán é an píobaire. Tá sé beagán níos lú ná an spideog. Tá dath buí geal ar an éan fireannach agus tá an t-éan baineannach cosúil leis ach í gan a bheith chomh dathúil leis. Is minic a fheictear siscíní ag an Dothra ag amanna áirithe den bhliain. Is i ngrúpaí móra a bhíonn siad de ghnáth agus is é an seans is fearr atá agat chun iad a fheiceáil ná féachaint ar an gcrann fearnóige arb é a shíolta an bia is fearr leo.

WREN | DREOILÍN | *Troglodytes troglodytes*

It is often quite difficult to see the tiny wren even though you may hear its singing. It is well camouflaged and spends a lot of time foraging for insects in the undergrowth and deep in the bushes. However, its tiny, round body and cocked tail are unmistakable. Its nest is a round ball of moss that will be very well hidden in tangled vegetation.

Is minic a bhíonn sé deacair an dreoilín beag bídeach a fheiceáil cé go gcloisfeá é ag canadh. Bíonn sé duaithníochta go maith agus caitheann sé go leor ama ag cuardach feithidí sa chasarnach agus go domhain sna toir. Mar sin féin, tá a chorp beag bídeach, agus a eireaball ardaithe so-aitheanta. Liathróid chruinn de chaonach atá sa nead a bhíonn i bhfolach go han mhaith i bhfásra neamhslachtmhar.

ORANGE-TIP | BARR BUÍ | *Anthocharis cardamines*

The orange-tip is one of the first butterflies to emerge, so you should look out for it from April to June. The male is easily identified by the striking orange patches on the wings. These are absent in the female. Both male and female have beautiful mottled green patterns on the underside of their wings. The orange-tip butterfly is a real sign of spring!

Tá an barr buí ar cheann de na féileacáin is túisce a bhíonn le feiceáil agus mar sin ba chóir duit a bheith á lorg ó Aibreán go Meitheamh. Is furasta an féileacán fireannach a aithint leis na paistí oráiste ar na sciatháin. Níl na paistí seo le feiceáil ar an bhféileacán baineannach. Tá patrúin áille glasa le feiceáil ar an taobh íochtair de sciatháin na beirte. Is fíorchomhartha an earraigh é an féileacán barr buí!

HOLLY BLUE | GORMÁN CUILINN | *Celastrina argiolus*

Like the orange-tip, the tiny holly blue butterfly may be seen in April, May and June – although they may often have a second brood in September. It is best to watch for them on holly, ivy or bramble. You are more likely to see them on sunny days. Their wings are a beautiful light blue in colour, and the females have black wing edges.

Cosúil leis an mbarr buí, is féidir an féileacán gormán cuilinn a fheiceáil i mí Aibreáin, Bealtaine agus Meitheamh – cé go minic mbíonn an dara ál acu i mí Mheán Fómhair. Is fearr iad a lorg ar an gcuileann, ar an eidhneán nó ar dhriseacha. Is mó seans go bhfeicfidh tú iad ar laethanta grianmhara. Tá dath gorm éadrom álainn ar a gcuid sciatháin, agus tá imill dhubha ar sciatháin na mbaineannach.

MANDARIN DUCK | LACHA MHANDRACH | *Aix galericulata*

The beautifully coloured mandarin duck is not native to Ireland but was originally brought here from China and some of them escaped. Like many other birds, the male (called the drake) is far more colourful and ornate than the female. The female will lay her eggs, usually about ten, high up from the ground in a hole in a tree trunk.

Ní thagann an lacha mhandrach álainn daite ó Éirinn. Tugadh anseo ón tSín í ar dtús iad agus d'éalaigh cuid acu go fiáin. Cosúil le go leor éan eile, tá an lacha fireannach (ar a dtugtar an bardal) i bhfad níos ildaite agus ornáidí ná an lacha baineannach. Beireann an lacha baineannach a huibheacha, timpeall deich gcinn de ghnáth, go hard ón talamh i bpoll i stoc crainn.

COOT | CEARC CHEANNANN | *Fulica atra*

The coot looks very like the moorhen but has a white beak and forehead. It also dives more often than the moorhen and eats mostly plants. The chicks are black with orange fluff around the face and body. After about two months they can feed themselves.

Tá an chearc cheannann an-chosúil leis an gcearc uisce ach tá gob agus aghaidh bhán uirthi. Téann sí ag tumadh níos minice ná na cearca uisce agus itheann sí plandaí de ghnáth. Bíonn dath dubh ar na sicíní agus clúnachán oráiste ar an aghaidh agus ar an gcorp acu. Nuair a bhíonn siad dhá mhí d'aois is féidir leo iad féin a bheathú.

DUNNOCK | DONNÓG | *Prunella modularis*

The dunnock is about the same size as a robin. It is dark brown in colour with black streaks, and orange-brown legs. It is often noticed creeping along the ground under a hedge or occasionally on a low wall searching for insects to eat. Sometimes the dunnock is mistaken for a sparrow and it has even been called a hedge sparrow – however, sparrows and dunnocks are not related at all.

Tá an donnóg thart ar an méid céanna leis an spideog. Tá dath donn dorcha air le stríoca dubha, agus cosa oráiste-donn. Is minic a thugtar faoi deara é ag gluaiseacht ar an talamh faoi fhál nó uaireanta ar bhalla íseal ag cuardach feithidí le hithe. Uaireanta déantar botún nuair a ghlaotar gealbhan ar an donnóg agus fiú tugtar gealbhan claí air go minic – ach, níl gaol ar bith ann idir an gealbhan agus an donnóg.

BULLFINCH | CORCÁN COILLE | *Pyrrhula pyrrhula*

Like many birds, the male is more colourful than the female: he has a glossy black cap, face, wings and tail, a pale bar on each wing, a white rump patch, grey back and beautiful reddish-rose breast and belly. Females look similar, except the breast and belly are a greyish-brown colour. Bullfinches are quite shy and like to feed on buds, seeds and berries.

Cosúil le go leor éan, tá an t-éan fireannach níos dathúla ná an t-éan baineannach: tá caipín dubh, aghaidh, sciatháin agus eireaball snasta aige, agus barra geal ar gach sciathán, paiste bán ar an tóin, cúl liath agus cíche agus bolg rós dearg. Tá na héin baineannacha cosúil leis na héin fireannacha, ach amháin go mbíonn dath liath-dhonn ar an gcíche agus ar an mbolg. Bíonn an corcán coille cúthaileach agus is maith leo beathú ar bhachlóga, síolta agus ar chaora.

MALLARD | MALLARD | *Anas platyrhynchos*

Mallards are found all over Ireland and you can see lots of these ducks on the Dodder. The male is far more brightly coloured than the female, with a beautiful green head and yellow bill. They eat most plant matter, including seeds and grains.

Tá an mallard le fáil ar fud na hÉireann agus is féidir go leor de na lachain seo a fheiceáil ar an Dothra. Tá an lacha fireannach i bhfad níos dathúla ná an lacha baineannach le ceann álainn glas agus gob buí aige. Itheann siad plandaí de ghnáth chomh maith le síolta agus gráin.

SUMMER | SAMHRADH

COMMA | CAMÓG | *Polygonia c-album*

The first confirmed report of the comma in the Republic of Ireland was in 2000. It is now regularly seen along the Dodder. Favourite surfaces to see commas include flowers, tree trunks, wood piles, dead bracken and fence posts. They may also be seen among common nettles when they are feeding.

Ba sa bhliain 2000 a bhí an chéad tuarascáil deimhnithe den Chamóg i bPoblacht na hÉireann. Ar na háiteanna is fearr le camóga a fheiceáil tá bláthanna, stocaí crann, cairn adhmaid, raithneach marbh agus cuaillí fáil. Is féidir iad a fheiceáil freisin i measc na neantóg coitianta freisin agus iad ag beathú.

BLACKBIRD | LON DUBH | *Turdus merula*

The blackbird is a member of the thrush family. The male has a bright-yellow beak and his plumage is all black. The female, though, is brown with speckles on her chest and actually looks like a thrush. They like to eat insects and earthworms, but they will also eat berries and other fruits.

Is ball de chlann na smólach é an lon dubh. Tá gob geal buí ar an éan fireannach agus tá a chluimhreach ar fad dubh. Tá an t-éan baineannach donn le cliabh breac agus is cosúil le smólach í. Is maith leo feithidí agus péisteanna talún a ithe ach íosfaidh siad caora agus torthaí eile freisin.

PEACOCK | PÉACÓG | *Aglais io*

This large, brightly coloured butterfly has prominent eyespots on each wing to confuse predators. In contrast, the underside of each wing is grey and black and very dull. You should be able to see these butterflies from the middle of July onwards, especially if you watch thistle and buddleia plants, which are very common all along the river.

Tá spotaí súl suntasacha ar gach sciathán ag an bhféileacán mór daite seo chun mearbhall a chur ar chreachadóirí. A mhalairt leis sin, tá an taobh thíos de gach sciathán liath agus dubh agus neamhlonrach. Ba cheart go mbeifeá in ann na féileacáin seo a fheiceáil ó lár mhí Iúil ar aghaidh, go háirithe má fhéachann tú ar fheochadáin agus ar bhúidlia atá an-choitianta ar bhruach na habhann.

GREEN-VEINED WHITE | BANÓG UAINE | *Pieris napi*

This butterfly can be easily confused with other white butterflies, so the best way to be sure is to look for the green veins on the back of the wings. They are quite common and prefer damp areas, so you are quite likely to see them along the river.

Is féidir an féileacán seo a mheascadh go héasca le féileacáin bhána eile agus mar sin is é an bealach is fearr le bheith cinnte ná na féitheacha glasa ar na sciatháin cúil a chuardach. Tá an féileacán seo coitianta go leor agus is fearr leo áiteanna fliucha. Mar sin is dócha go bhfeicfeá iad cois na habhann.

EMPEROR DRAGONFLY | SNÁTHAID MHÓR IMPIREACH | *Anax imperator*

On a warm summer's day, if you watch closely, you will see the emperor dragonfly patrolling the river in search of insects. They are fast and acrobatic fliers, but their bright-green colouring with blue markings will help you spot them. The male is bluer in colour and the female is more green, both with a dark line running all along their body. They are almost constantly in flight, just occasionally settling for a rest.

Ar lá breá samhraidh, má bhreathnaíonn tú go géar, feicfidh tú an snáthaid mhór impireach ag tóraíocht ar an abhainn ag lorg feithidí. Tá siad gasta agus cumasach ag eitilt ach cuideoidh an dath geal glas le marcanna gorm leat len iad a fheiceáil. Tá dath níos goirme ar an éan fireannach agus tá an t-éan baineannach níos glaise, le líne dorcha ag rith ar feadh a gcorp. Bíonn siad i gcónaí ag eitilt, ag stopadh go hannamh chun a scíth a ligean.

GOLDFINCH | LASAIR CHOILLE | *Carduelis carduelis*

It is easy to recognise the beautiful goldfinch: its black and yellow wings, red face and black-and-white head markings are unmistakable. They eat mostly seeds and build a nest from feathers, hairs and moss high up from the ground.

Is furasta an lasair choille álainn a aithint: ní féidir dearmad a dhéanamh ar a sciatháin dhubha agus buí, aghaidh dhearg, agus na marcanna dubha agus bána atá aige. Síolta is mó a itheann siad agus tógann siad nead as cleití, ribí agus caonach go hard ón talamh.

FOUR-SPOTTED CHASER | RUAGAIRE CEATHAIRBHALLACH | *Libellula quadrimaculata*

It is not too difficult to recognise this dragonfly: with a brown body and yellow markings along each side, they have dark spots at the front of each of their four wings. Like all dragonflies, you are more likely to see them on warm days as they patrol the river searching for insects to eat.

Níl sé ró-dheacair an snáthaid mhór seo a aithint: le corp donn, agus marcanna buí ar gach taobh, tá spotaí dorcha acu ar thosach gach ceann dá gceithre sciathán. Cosúil le snáthaidí móra eile, is mó an seans atá agat iad a fheiceáil ar laethanta teo agus iad ag eitilt thar na habhann ag cuardach feithidí le hithe.

BEAUTIFUL DEMOISELLE | BRÍDEOG | *Calopteryx virgo*

The striking beautiful demoiselle measures about 45 mm and is a member of the damselfly family. They can be seen along the river during the summer months. An adult lifespan is normally between forty and fifty days. They are most commonly found in the east and south of Ireland: they are not found in Ulster or most of Connaught. If you watch closely you might see them perching beside the river or fluttering above the water, their metallic colour shimmering in the sunlight.

Thart ar 45 mm ar fad atá an bhrídeog álainn agus is saghas béchuile í. Is féidir iad a fheiceáil cois na habhann le linn míonna an tsamhraidh. Is gnách go mbíonn tréimhse shaoil na brídeoige idir 40 agus 50 lá. Is in oirthear agus i ndeisceart na hÉireann is coitianta a fhaightear iad: níl siad le fáil i gCúige Uladh ná sa chuid is mó de Chonnacht. Má bhreathnaíonn tú go géar b'fhéidir go bhfeicfeá iad ina luí in aice na habhann nó ag eitilt os cionn an uisce, a dath miotalach ag glioscarnach i solas na gréine.

JAY | SCRÉACHÓG CHOILLE | *Garrulus glandarius*

The jay is a member of the crow family but with beautiful colours. It has a very loud voice and you will often hear it before you see it. Jays are very shy, though, and are rarely seen in the open like other members of this family. In autumn, jays will gather and store large amounts of acorns and other large seeds to eat during the winter.

Is ball de theaghlach na bpréachán í an scréachóg ach le dathanna áille. Tá guth an-ard aici agus go minic cloiseann tú í sula bhfeiceann tú í. Tá scréachóga faiteach agus is annamh a fheictear iad amuigh faoin spéir cosúil le baill eile den teaghlach seo. San Fhómhar, baileoidh agus cuirfidh scréachóga dearcáin agus síolta móra eile i bhfolach le hithe i rith an gheimhridh.

RED ADMIRAL | AIMIRÉAL DEARG | *Vanessa atalanta*

These striking butterflies arrive in Ireland during May and June, having travelled from Europe and North Africa. They are often seen feeding on buddleia and ivy plants, but you should also look out for them on brambles and thistles. Their beautiful red, black and white colouring makes them easier to notice than some of the other butterflies.

Sroicheann na féileacáin áille seo Éire i rith na Bealtaine agus an Mheithimh, tar éis dóibh taisteal ón Eoraip agus ón Afraic Thuaidh. Is minic a fheictear iad ag ithe ar phlandaí búidlia agus ar eidhneáin, agus ar dhriseacha agus ar fheochadáin chomh maith. Déanann an dathú álainn dearg, dubh agus bán atá orthu níos éasca iad a aithint ná cuid de na féileacáin eile.

CHIFFCHAFF | TIUF-TEAF | *Phylloscopus collybita*

Chiffchaffs are most likely to be seen between April and September. After that they migrate to the Mediterranean area, where they will be better able to find the insects they like to eat. The chiffchaff is not much bigger than a wren and is often mistaken for a willow warbler.

De ghnáth feicfear tiuf-teaf idir mí Aibreáin agus mí Mheán Fómhair. Ina dhiaidh sin aistríonn siad go dtí an Mheánmhuir áit a mbeidh siad in ann teacht ar na feithidí is maith leo a ithe. Beagán níos mó ná an dreoilín atá an tiuf-teaf agus is minic a cheaptar gur ceolaire sailí é.

SMALL TORTOISESHELL | RUÁN BEAG | *Aglais urticae*

This brightly coloured butterfly is widely distributed throughout Ireland and can often be seen along the Dodder. Depending on the weather, you may see them during spring, summer and even into autumn – very often feeding on dandelion plants. Unlike most other butterflies, the small tortoiseshell hibernates – usually from October to March. Therefore, you may come across one in your house or shed during the autumn or winter months.

Tá an ruán beag seo scaipthe go forleathan ar fud na hÉireann agus is minic a fheictear é ar an Dothra. Ag brath ar an aimsir is féidir leat iad a fheiceáil san earrach, sa samhradh agus fiú san fhómhar – go minic ag ithe ar chaisearbháin. Murab ionann agus an chuid is mó d'fhéileacáin eile is iondúil go ndéanann an ruán beag codladh geimhridh – ó Dheireadh Fómhair go Márta de ghnáth. Mar sin, is féidir leat teacht ar cheann amháin i do theach nó i do sheid le linn míonna an fhómhair nó an gheimhridh.

LARGE WHITE | BÁNÓG MHÓR | *Pieris brassicae*

This large butterfly is a strong flier and can fly long distances. It can be identified by the prominent black edges to its upper front wings and two large black spots on the underside. This butterfly is sometimes called the cabbage white as its eggs are laid in clusters on plants of the cabbage family.

Féileacán láidir é an féileacán mór seo agus is féidir leis eitilt i bhfad. Is féidir é a aithint leis na himill dhubha fheiceálacha ar na sciatháin tosaigh uachtaracha agus dhá spota móra dubha ar an taobh thíos. Uaireanta tugtar an bhánóg chabáiste ar an bhféileacán seo mar go leagtar na huibheacha ar chabáiste.

SMALL WHITE | BÁNÓG BHEAG | *Pieris rapae*

The small white butterfly closely resembles the large white but is a lot smaller and its wings are noticeably whiter. Like its larger cousin, it favours cabbage plants and so is not too popular with gardeners. The small white also likes to visit nasturtium plants. It can be easy to get confused with the various white-coloured butterflies, but one good way to identify the small white is to know that the undersides of the wings are yellowish in colour.

Tá an féileacán beag bán seo cosúil leis an mbánóg mhór ach tá sé i bhfad níos lú agus tá a sciatháin níos gile. Cosúil lena chol ceathrair is fearr leis plandaí cabáiste agus mar sin níl an-tóir ag garraíodóirí air. Is maith leis an mbánóg bheag cuairt a thabhairt ar phlandaí nasturtium freisin. Is furasta na féileacáin éagsúla ar dhathanna bána a mheascadh ar a chéile ach bealach maith amháin chun an bhánóg bheag a aithint ná a bheith ar an eolas go bhfuil dath buí ar bhun na sciathán.

AUTUMN | AN FÓMHAR

BLUE TIT | MEANTÁN GORM | *Cyanistes caeruleus*

The blue tit is one of our most common birds and is easily recognisable with its blue and yellow colouring. They like to eat small insects and they are often seen hanging upside down as they forage for food. Once their eggs have hatched in spring, it is a joy to watch the parents busily flying to and from the nest with food for the chicks.

Tá an meantán gorm ar cheann de na héin is coitianta atá againn agus is furasta é a aithint leis an dath gorm agus buí atá air. Is maith leo feithidí beaga a ithe agus is minic a fheictear iad ar chrochadh bun os cionn agus iad ag lorg bia. Nuair a bhíonn a n-uibheacha gortha san earrach is iontach a bheith ag faire ar na tuismitheoirí ag eitilt isteach agus amach ón nead le bia do na sicíní.

BUZZARD | CLAMHÁN | *Buteo buteo*

Like the sparrowhawk, buzzards live in Ireland all year round and have a hooked beak designed for eating meat. They are much bigger than a sparrowhawk and have yellow legs. Buzzards visit the Dodder regularly as they hunt for food like small birds, rabbits, mice, frogs and earthworms.

Cosúil leis an spioróg, maireann an clamhán in Éirinn ar feadh na bliana agus bíonn gob crúcach acu freisin chun feoil a ithe. Tá sé i bhfad níos mó áfach ná an spioróg agus tá cosa buí air. Tugann clamháin cuairt ar an Dothra go rialta agus iad ag tóraíocht bia cosúil le héin bheaga, coiníní, lucha, froganna agus péisteanna talún.

OTTER | MADRA UISCE/DOBHARCHÚ | *Lutra lutra*

Although otters are mainly nocturnal animals, it is not unusual to see them on the Dodder during the day. They are found all over Ireland, in rivers, lakes and at the coast, but they are quite secretive and so are not observed very often. With their sleek bodies, webbed feet and sensitive whiskers, they are masters of swimming and catching prey, such as fish, eels and frogs. Along the river the otter will have a number of different resting places called holts where they can hide from prey.

Cé gur ainmhithe oíche den chuid is mó iad dobharchúnna, níl sé neamhghnách iad a fheiceáil ar an Dothra i rith an lae. Faightear iad ar fud na hÉireann, in aibhneacha, lochanna agus ar an gcósta ach tá siad rúnda go leor agus mar sin ní fheictear iad go minic. Le corp caol, cosa scamallacha agus féasóga leicinn mothálacha tá siad ar fheabhas ag snámh agus ag breith ar éisc, eascanna agus froganna. Ar bhruach na habhann beidh roinnt áiteanna scíthe éagsúla ag an dobharchú a dtugtar pollaí orthu inar féidir leo dul i bhfolach ó chreach.

ROBIN | SPIDEOG | *Erithacus rubecula*

The robin is probably the most familiar and widespread garden bird in Ireland. Robins eat mainly insects but also some fruit. They normally hide their nest very well: in a hole in a tree or a wall, in ivy, or sometimes in an old shoe or hat!

Is dócha gurb é an spideog an t-éan ghairdín is comónta in Éirinn. Itheann spideoga feithidí de ghnáth agus roinnt torthaí freisin. De ghnáth cuireann siad an nead i bhfolach go han-mhaith: i bpoll i gcrann nó i mballa, in eidhneán nó uaireanta i seanbhróg nó hata!

CORMORANT | BROIGHEALL | *Phalacrocorax carbo*

The cormorant is actually a sea bird, but they seem to like the Dodder because of the plentiful supply of fish. They are seen regularly diving into the water and coming to the surface quite a distance from where they dived. Sometimes, too, you will them see them standing with their large wings outstretched, drying. A cormorant has a long body and neck, dark webbed feet and a long, very strong, hooked bill.

Is éan farraige é an broigheall ach is cosúil go dtaitníonn an Dothra leis mar gheall ar an méid éisc atá inti. Feictear iad go rialta ag tumadh isteach san uisce agus ag teacht go barr uisce achar fada ón áit ar thum siad. Uaireanta, freisin, beidh tú ábalta iad a fheiceáil ina seasamh lena sciatháin móra sínte amach chun iad a thriomú. Tá corp agus muineál fada ag an mbroigheall, cosa dorcha scamallacha agus gob fada an-láidir.

COAL TIT | MEANTÁN DUBH | *Periparus ater*

The coal tit resembles the great tit but is smaller and less brightly coloured. They also eat nuts, seeds and insects, and will often build their nests in a hole in a tree or a wall.

Tá an meantán dubh cosúil leis an meantán mór ach tá sé níos lú agus níl an dath geal céanna air. Itheann siad cnónna, síolta agus feithidí freisin agus is minic a thógfaidh siad a neadacha i bpoll i gcrann nó i mballa.

SPECKLED WOOD | BREACFHEILEACHÁN COILLE | *Pararge aegeria*

The speckled wood is found all over Ireland and, indeed, can be seen for over six months of the year – from April to October. It is deep brown with cream-coloured spots. If you get a close look you will see black spots with white dots on each of the wings: these are called eyespots and are there to confuse potential predators.

Tá an breacfheileachán coille le fáil ar fud na hÉireann agus, go deimhin, tá sé le feiceáil ar feadh níos mó ná sé mhí den bhliain – ó Aibreán go Deireadh Fómhair. Tá a dath donn domhain le spotaí daite uachtar. Más féidir leat súil ghéar a fháil feicfidh tú spotaí dubha le poncanna bána ar gach sciathán: tugtar spotaí súl orthu seo agus tá siad ann chun mearbhall a chur ar chreachadóirí féideartha.

GREAT TIT | MEANTÁN MÓR | *Parus major*

The great tit is the largest member of the tit family. They have black heads, white cheeks and a yellow breast with a black band running down the middle. These birds are quite common all over Ireland and they eat insects, seeds and nuts. The nest is usually built in a hole in a tree or in a wall.

Is é an meantán mór an ball is mó de na meantáin go léir. Tá cinn dubha orthu, leicne bána agus brollach buí le banna dubh ag rith síos an láir. Tá na héin seo coitianta go leor ar fud na hÉireann agus itheann siad feithidí, síolta agus cnónna. De ghnáth tógtar an nead i bpoll i gcrann nó i mballa.

TREECREEPER | SNAG | *Certhia familiaris*

This bird is about the same size as a robin, with a long body and a slightly curled bill that it uses to search for insects in the bark of trees. They can be hard to see due to their grey-brown colouring, although the underparts are white. They are usually observed creeping up tree trunks, not down. When they reach the top of the trunk they normally fly down to the base of a different tree.

Tá an t-éan seo thart ar an méid céanna le spideog, le corp fada agus gob cuachta beagáinín a úsáideann sé chun feithidí a chuardach i gcoirt na gcrann. Is féidir iad a bheith deacair a fheiceáil mar gheall ar an dath liath-donn atá orthu cé go bhfuil an chuid íochtarach bán. De ghnáth breathnaítear iad ag gluaiseacht go mall, ó bhun barr, ar choirt crainn. Nuair a shroicheann siad barr an chrainn eitlíonn siad síos go bun crann eile de ghnáth.

SPARROWHAWK | SPIORÓG | *Accipiter nisus*

The sparrowhawk is a bird of prey with a hooked beak suitable for eating meat. They live in Ireland all year round and are thought to be our most common bird of prey. They eat small birds. Sometimes they attack them when they are perched, sometimes when they are in flight.

Is éan creiche é an spioróg le gob cromógach – oiriúnach chun feoil a ithe. Cónaíonn siad in Éirinn ar feadh na bliana agus ceaptar gurb é an t-éan creiche is coitianta atá againn. Itheann siad éin bheaga. Uaireanta ionsaíonn siad iad nuair a bhíonn siad suite, nó uaireanta eile agus iad ag eitilt.

LONG-TAILED TIT | MEANTÁN EARRFHADA | *Aegithalos caudatus*

The long-tailed tit is one of our smallest birds, only slightly bigger than a goldcrest. They are easily recognisable by their very long tails. It is hard to see them properly as they always seem to be on the move, flitting from branch to branch and tree to tree looking for seeds, insects and nuts. They are usually seen in groups and they build very complex nests from moss, lichens and spider's web.

Tá an meantán earrfhada ar cheann de na héin is lú atá againn – é beagán níos mó ná an cíorbhuí. Is furasta iad a aithint trína n-eireabaill an-fhada. Tá sé deacair iad a fheiceáil i gceart áfach mar is cosúil go mbíonn siad i gcónaí ag gluaiseacht, agus iad ag eitilt ó chraobh go craobh agus ó chrann go crann ag lorg síolta, feithidí agus cnónna. Feictear iad i ngrúpaí de ghnáth agus tógann siad neadacha an-chasta as caonach, léicin agus gréasáin damhán alla.

WINTER | GEIMHREADH

GREAT SPOTTED WOODPECKER | MÓRCHNAGAIRE BREAC | *Dendrocopus major*

At the start of this century you would have been very lucky to see a woodpecker in Ireland. Thankfully, now, these beautiful birds are becoming more common and are being seen and heard far more often, even in big cities like Dublin. Their plumage is black and white with a red undertail, and most males also have a red patch on the back of their heads.

Ag tús an chéid seo bheadh an t-ádh leat mórchnagaire a fheiceáil in Éirinn. Buíochas le Dia anois, tá na héin áille seo ag éirí níos coitianta agus tá siad le feiceáil agus le cloisteáil i bhfad níos minice, fiú i gcathracha móra mar Bhaile Átha Cliath. Tá a gclúmh dubh agus bán le undertail dearg agus bíonn paiste dearg ar chúl a gcinn ag formhór na bhfear freisin.

GREENFINCH | GLASÁN DARACH | *Chloris chloris*

The greenfinch is about the size of a robin and olive-green in colour with bright-yellow patches on the wings and tail. Like most members of the finch family, it likes to eat seeds and grain. Like the woodpecker, it will sometimes visit garden bird feeders, especially if there are peanuts. Greenfinches are found in all parts of Ireland but can be quite shy and difficult to see.

Tá an glasán darach timpeall ar mhéid spideog, dath olóige-uaine le paistí buí geala ar na sciatháin agus an eireaball. Cosúil le formhór na mball den teaghlach finch, is maith leo síolta agus gráin a ithe. Cosúil leis an mórchnagaire, tabharfaidh siad cuairt uaireanta ar chothaitheoirí éan gairdín, go háirithe má bhíonn piseanna talún ann. Faightear an glasán darach i ngach cearn d'Éirinn ach is féidir leo a bheith cúthail agus deacair a fheiceáil.

DIPPER | GABHA DUBH | *Cinclus cinclus*

Dippers are found all over Ireland along rocky streams and rivers and you are quite likely to see at least one as you walk by the Dodder. They are dark-coloured all over except for their bright-white chest. They spend most of their time in the water and are superb swimmers. It is highly unlikely you will see a dipper in a tree. The nest is located in a hole in the riverbank, behind a waterfall or under a bridge.

Faightear Gaibhne Dubha ar fud na hÉireann ar bhruacha sruthanna agus aibhneacha le carraigeacha agus is dócha go bhfeicfeá ceann amháin ar a laghad agus tú ag siúl cois na Dothra. Tá dath dorcha orthu ar fad seachas an cliabhrach geal. Caitheann siad an chuid is mó dá gcuid ama san uisce agus is snámhaithe den scoth iad. Ní dócha go bhfeicfidh tú gabha dubh i gcrann. Tá an nead suite i bpoll ar bhruach na habhann, taobh thiar de eas nó faoi dhroichead.

LITTLE GREBE | SPÁGAIRE TONN | *Tachybaptus ruficollis*

The little grebe is a small diving bird, much smaller than a mallard. They can swim and dive wonderfully well, and they spend a lot of time under the water hiding from danger or searching for food. Chicks will sometimes ride on their parents' backs.

Is éan beag tumadóireachta é an spágaire tonn, i bhfad níos lú ná an mallard. Is féidir leo snámh agus tumadóireacht a dhéanamh go han-mhaith agus go leor ama a chaitheamh faoin uisce i bhfolach ó chontúirt nó ag cuardach bia. Uaireanta beidh sicíní ag marcaíocht ar dhroim a dtuismitheoirí.

LITTLE EGRET | ÉIGRIT BHEAG | *Egretta garzetta*

It is easy to recognise the beautiful little egret: it is smaller than a heron, with all-white plumage, long, black legs, yellow feet and a long, thin, dark beak that is shaped like a dagger. It will eat small fish, frogs, snails and insects. It sometimes gets food by shuffling its feet along the bottom of the river in order to disturb small creatures that are hiding there.

Is furasta an éigrit bheag álainn a aithint: tá sé níos lú ná an corr réisc, le cluimhreach bhán, géaga fada, dubha, cosa buí agus gob fada, tanaí, dorcha atá múnlaithe cosúil le miodóg. Íosfaidh siad éisc bheaga, froganna, seilidí agus feithidí. Faigheann siad bia uaireanta agus a gcosa a scuabáil ag bun na habhann chun cur isteach ar chréatúir bheaga a bheadh i bhfolach ann.

GOLDCREST | CÍORBHUÍ/DREOILÍN EASPAIG | *Regulus regulus*

The goldcrest is the smallest bird in Europe and measures just 9cm in length. The male has an orange-yellow stripe on its head and the female's stripe is yellow. They feed on insects and if you want to see one in the trees or bushes beside the river you will have to watch very closely: they are well camouflaged and they never seem to stop moving!

Is é an cíorbhuí an t-éan is lú san Eoraip agus níl siad ach 9cm ar fad. Tá stríoc oráiste-buí ar a cheann ag an éan fireannach agus tá stríoc buí ag an éan baineannach. Itheann siad feithidí agus má fheiceann tú ceann sna crainn nó sna toir in aice leis an abhainn beidh ort féachaint go géar orthu: bíonn siad ceilte go maith agus is cosúil nach stopann siad ag bogadh!

CHAFFINCH | RÍ RUA | *Fringilla coelebs*

Chaffinches are found all over Ireland and can often be seen near the Dodder. Like many birds, the male is far more colourful than the female. They eat seeds, grains and nuts and they build their nests from moss and dried grass.

Faightear an rí rua ar fud na hÉireann agus is minic a fheictear iad in aice leis an Dothra. Cosúil le go leor éan, tá an t-éan fireannach i bhfad níos ildaite ná an t-éan baineannach. Itheann siad síolta, gráin agus cnónna den chuid is mó agus tógann siad a gcuid neadacha as caonach agus féar triomaithe.

MISTLE THRUSH | SMÓLACH MÓR | *Turdus viscivorus*

The mistle thrush is slightly larger than a blackbird and stands up very straight. It eats berries and insects and can often be seen on the grass searching for earthworms.

Tá an smólach mór beagán níos mó ná an lon dubh agus seasann sé an-díreach in airde. Itheann siad caora agus feithidí agus is minic a bhíonn siad le feiceáil ar an bhféar ag cuardach péisteanna talún.

KINGFISHER | CRUIDÍN | *Alcedo atthis*

One of the most wonderful sights along the Dodder is surely that of young kingfishers learning to dive. They start on perches just above the water and gradually dive from higher ones as their skill improves. Kingfishers breed in tunnels dug in vertical banks along streams, canals and rivers. They dive from perches along the river or lake to catch small fish. The female is identified by an orange colour on the bottom bill. They fly at great speed just above the water. People who manage to see a kingfisher are often surprised that they are not much bigger than a robin, though they have a long beak used for catching fish. If you see one with a fish in its beak with the tail pointing in, it is bringing it back to its young.

Is cinnte gurb é ceann de na radharcanna is áille cois abhainn na Dothra ná cruidíní óga ag foghlaim conas tumadh. Tosaíonn siad ar bhrainsí díreach os cionn an uisce agus de réir a chéile léimeann siad ó na cinn níos airde de réir mar a thagann feabhas ar a gcuid scileanna. Bíonn nead an chruidín i dtollán a thógtar i mbruacha sruthán, canálacha agus aibhneacha. Léimeann siad ó bhrainsí cois na habhann nó cois locha chun éisc beaga a ghabháil. Tá dath oráiste ar an ngob íochtair ag an éan baineannach. Eitlíonn siad go tapa os cionn an uisce. Is minic a bhíonn ionadh ar dhaoine a éiríonn leo cruidín a fheiceáil nach bhfuil siad mórán níos mó ná spideog cé go bhfuil gob fada acu a úsáidtear chun éisc a ghabháil. Má fheiceann tú cruidín agus iasc ina ghob aige agus an t-eireaball sínte thíos is cosúil go bhfuil éan óg á cothú aige.

MOORHEN | CEARC UISCE | *Gallinula chloropus*

The moorhen is about the same size as a pigeon and can be easily recognised by its dark plumage, red forehead and red and yellow beak. You rarely see a moorhen flying: if it is frightened it runs along the surface of the water with its neck stretched out and wings flapping rapidly. It eats insects, tadpoles, seeds and fish.

Tá an cearc uisce thart ar an méid céanna le colúr agus is furasta é a aithint óna chlumh dorcha, a mhullach dearg agus a ghob atá dearg agus buí. Is annamh a fheiceann tú cearc uisce ag eitilt: má bhíonn faitíos air ritheann sé ar bharr an uisce agus a mhuineál sínte amach is a sciatháin ag bualadh go tapa. Itheann sé feithidí, torbáin, síolta agus éisc.

GREY HERON | CORR RÉISC | *Ardea cinerea*

If you walk along the Dodder you will almost certainly see at least one grey heron. Our tallest bird, they can stand motionless for long periods of time studying the water, hoping to catch a trout, an eel, a frog or a rat with their long, spear-like beak.

Má shiúlann tú ar feadh an Dothra feicfidh tú, ar a laghad, corr réisc amháin. Tá sé ar an éan is airde atá againn, agus is féidir leo seasamh gan gluaiseacht ar feadh tréimhsí fada ag déanamh staidéir ar an uisce, ag súil le breac, eascann, frog nó francach a ghabháil lena ngob fada atá cosúil le sleá.

GREY SQUIRREL | IORA GLAS | *Sciurus carolinensis*

Grey squirrels are not native to Ireland and are slightly larger than our native red squirrel. They have been in Ireland just over a hundred years and in that time they have spread all over the country. All squirrels are great acrobats and you can see them along the Dodder scampering up and down trees and jumping from branch to branch. They will eat acorns, nuts, berries and mushrooms. They don't hibernate in winter but often collect and store food before winter arrives and hide it in holes in trees to be collected at a later date.

Níl an t-iora glas dúchasach d'Éirinn agus tá sé beagán níos mó ná an t-iora rua dúchais atá againn. Tá siad in Éirinn le níos mó agus céad bliain agus san am sin scaip siad ar fud na tíre. Is cleasghleacaithe den scoth iad agus is féidir leat iad a fheiceáil ar feadh na Dothra ag rith suas agus síos crainn agus ag léim ó chraobh go craobh. Íosfaidh siad dearcáin, cnónna, caora agus beacáin. Ní théann siad a chodladh i rith an gheimhridh ach is minic a bhailíonn siad bia sula dtagann an geimhreadh agus cuireann siad i bhfolach i bpoill crann é le bailiú nuair is gá.

BLACKCAP | CAIPÍN DUBH | *Sylvia atricapilla*

The blackcap is about the same size as a robin. It is grey in colour so it blends in very well with the trees and bushes. The male has a distinctly black head as if he is wearing a cap, while the female's cap is pale brown. They eat mostly insects and therefore many blackcaps fly south for the winter to Spain and North Africa.

Tá an caipín dubh thart ar an méid céanna le spideog. Tá dath liath orthu agus mar sin meascann siad go han-mhaith leis na crainn agus leis na toir. Tá ceann dubh ar leith ag an éan fireannach amhail is go bhfuil caipín air, agus tá caipín donn éadrom ag an éan baineannach. Feithidí a itheann siad de ghnáth agus mar sin téann an chuid is mó acu ó dheas go dtí an Spáinn nó an Afraic Thuaidh don gheimhreadh.

BIBLIOGRAPHY

Cabot, David, *Irish Birds* (new edition, Glasgow: William Collins, 2021)

Conroy, Don, and Wilson, Jim, *Bird Life in Ireland* (Dublin: The O'Brien Press, 1994)

Harding, J.M., *The Irish Butterfly Book: A Complete Guide to the Butterflies of Ireland* (self-published, 2021)

McCormack, Stephen and Regan, Eugenie, with illustrations by Shields, Chris, *Insects of Ireland: A Field Guide* (Cork: The Collins Press, 2014)

Wilson, Jim, and Carmody, Mark, *The Birds of Ireland: A Field Guide* (Cork: The Collins Press, 2013)

USEFUL WEBSITES

Birdwatch Ireland: https://birdwatchireland.ie

Butterfly Conservation Ireland: https://butterflyconservation.ie/wp

Dodder Action: www.dodderaction.org

Irish Butterflies: www.irishbutterflies.com/index.html

Irish Guide Dogs for the Blind: www.guidedogs.ie

Irish Wildlife: www.irishwildlife.ie

Irish Wildlife Trust: https://iwt.ie

National Biodiversity Data Centre: https://biodiversityireland.ie

National Parks and Wildlife Service: www.npws.ie

Irish Guide Dogs for the Blind is Ireland's national charity dedicated to enabling people who are vision-impaired and families of children with autism to achieve improved mobility and independence. This charity has been in existence for over forty-five years and provides all of its services free of charge. Over 85 per cent of its income comes from voluntary donations, fundraising activities and legacies.

I have personal experience of the value of this service: for five years our family volunteered as 'puppy raisers', i.e. looking after and socialising puppies from the age of eight weeks until twelve to fourteen months old – a critical first step in their training. We took great pride in doing this work and in watching our puppies mature and eventually graduate as guide dogs or assistance dogs and go on to bring great joy and fantastic practical support to people whose lives were immeasurably changed for the better.

I have come to know many of these people in person, and have experienced the power and the positive impact that these wonderful dogs bring into their lives. I know that every cent we raise from this book will pay rich dividends for years to come. I know because I have seen it first hand.